CD袋：PP
CD盤：PC

学研 毎日のドリルの CD

このCDには，学習する英単語や表現の発音が収録されています。
のマークのトラック番号に合わせてからCDを聞き，音声の指示に従って学習を進めましょう。

裏面や「まとめテスト」には，CDを聞いて答える問題があります。
聞き取れなかった場合には，くり返し聞きましょう。

JN047417

学研 毎日のドリル の特長や使い方は次のページから。

やりきれるから自信がつく!

✓ 1日1枚の勉強で, 学習習慣が定着!

◎目標時間に合わせ, 無理のない量の問題数で構成されているので,
「1日1枚」やりきることができます。

◎解説が丁寧なので, まだ学校で習っていない内容でも勉強を進めることができます。

✓ すべての学習の土台となる「基礎力」が身につく!

◎スモールステップで構成され, 1冊のなかでも繰り返し練習していくので,
確実に「基礎力」を身につけることができます。「基礎」が身につくことで,
発展的な学習に進むことができるのです。

◎教科書に沿っているので, 授業の進度に合わせて使うこともできます。

✓ 勉強管理アプリの活用で, 楽しく勉強できる!

◎設定した勉強時間にアラームが鳴るので, 学習習慣がしっかりと身につきます。

◎時間や点数などを記録していくと, 成績がグラフ化されたり,
賞状をもらえたりするので, 達成感を得られます。

◎勉強をがんばるとキャラクターとコミュニケーションを
取ることができるので, 日々のモチベーションが上がります。

１　1日1枚、集中して勉強しましょう。

◎1回分は、1枚（表と裏）です。
1枚ずつはがして使うこともできます。

◎目標時間を意識して勉強しましょう。
アプリのストップウォッチなどで、かかった時間をはかるとよいです。

◎「まとめテスト」で、学しゅうの成果が身についたか確認できます。

◎CDを使って学習しましょう。
⑩のマークのトラックの番号に合わせてCDを再生し、発音を確認したり、問題を解いたりしましょう。

２　答え合わせをしましょう。

本の最後に、「答えとアドバイス」があります。

答え合わせをして、点数をつけましょう。

全部終わったら、
答えを見て、
まちがえよう！

３　得点をアプリに登録しましょう。

アプリに得点を登録すると、勉強のグラフがえがかれます。
勉強するごとに、キャラクターが育ちます。

毎日のドリル

勉強管理アプリ

「毎日のドリル」シリーズ専用、スマートフォン・タブレットで使える無料アプリです。1つのアプリで、シリーズすべてを管理でき、学習習慣が楽しく身につきます。

1

「毎日のドリル」の学習を徹底サポート！

自分で日本時間を意識しよう！

- 毎日の勉強タイムをお知らせする「**タイマー**」
- かかった時間を計る「**ストップウォッチ**」
- 勉強した日を記録する「**カレンダー**」
- 入力した得点を「**グラフ化**」

2

キャラクターと楽しく学べる！

好きなキャラクターを選ぶことができます。勉強をがんばるとキャラクターが育ち、「ひみつ」や「ワザ」が増えます。

3

1冊終わると、ごほうびがもらえる！

ドリルが1冊終わるごとに、賞状やメダル、称号がもらえます。

これは やる気が でちゃうさ！

4

漢字と英単語のゲームにチャレンジ！

自己ベスト更新を目指そう！

ゲームで、どこでも手軽に、楽しく勉強できます。漢字は学年別、英単語はレベル別に構成されており、ドリルで勉強した内容の確認にもなります。

アプリの無料ダウンロードはこちらから！

https://gakken-ep.jp/extra/maidori/

【推奨環境】
■各種Android端末：対応OS Android6.0以上
■各種iOS（iPadOS）端末：対応OS iOS10以上
※対応OSやあっても、Intel CPU（x86 Atom）搭載の端末では正しく動作しない場合があります。
※対応OSであっても対応機種については、各ストアでご確認ください。

1 アルファベット

月　　　日
得点

点

1 大文字と小文字を線でつなぎましょう。　　　　　　　　　　1つ4点【20点】

① B ● ● q

② D ● ● g

③ G ● ● p

④ P ● ● b

⑤ Q ● ● d

2 アルファベットの大文字は小文字に，小文字は大文字に書きかえましょう。

1つ5点【20点】

① A C E ➡

② F K N ➡

③ j r x ➡

④ h m w ➡

5

3 アルファベットの順になるように，4線に大文字を書き入れましょう。

1つ3点【30点】

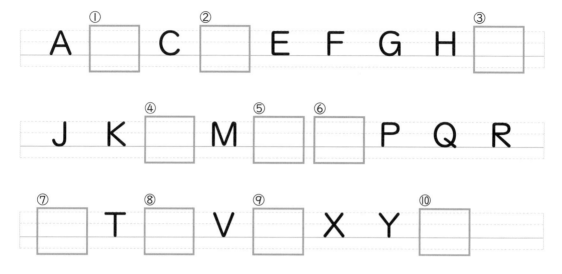

4 アルファベットの順になるように，4線に小文字を書き入れましょう。

1つ3点【30点】

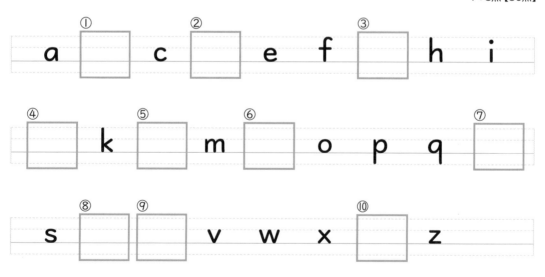

答え ▶ 83ページ

2 国

1 ・①から順にCDを聞いて，あとについて言ってみましょう。 【10点】 **01** ♪

　　・声に出して読みながらなぞった後，数回書きましょう。 1つ3点【30点】

 ① 日本　　　　　　　　　　　　　　　　　国の名前の最初の文字は，いつも大文字で書きます。

Japan

 ② アメリカ　　　　　　アメリカ合衆国のことは the U.S. や the U.S.A. とも言います。

America

 ③ オーストラリア

Australia

 ④ カナダ

Canada

 ⑤ 中国

China

 ⑥ フランス

France

 ⑦ かん国　　　　　　　　　　　　　　　　　　　　　　まん中を強く読みます。

Korea

 ⑧ ロシア

Russia

 ⑨ スペイン

Spain

 ⑩ イギリス

the U.K.

習った単語に関する問題に答えましょう。

2はCDを聞いて，問題に答えましょう。

2 読まれた単語に合う国を下のア～エから選んで，記号を書きましょう。 ♪02

1つ4点【16点】

① (   )　② (   )　③ (   )　④ (   )

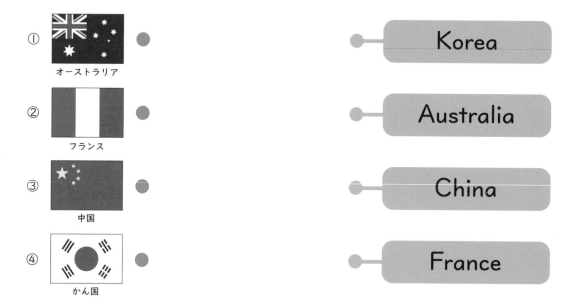

ア　スペイン　イ　日本　ウ　ロシア　エ　イギリス

3 国を表す単語を右から選んで，線でつなぎましょう。

1つ5点【20点】

①　オーストラリア　●　　　●　Korea

②　フランス　●　　　●　Australia

③　中国　●　　　●　China

④　かん国　●　　　●　France

4 日本語を英語にしましょう。[   ] のアルファベットを使いましょう。

1つ8点【24点】

① 日本

[J, n, a, p, a]

② アメリカ

[A, c, r, m, e, i, a]

③ カナダ

[C, a, a, a, d, n]

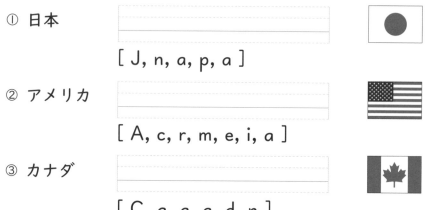

8

答え ▶ 83ページ

③ スポーツ

1 ・①から順にCDを聞いて，あとについて言ってみましょう。　【10点】 **03**

・声に出して読みながらなぞった後，数回書きましょう。　1つ3点【30点】

① 野球　　　　　　　　　　　　　　　　　　　　　　最後の l は 2 つです。

baseball

② サッカー

soccer

③ テニス　　　　　　　　　　　　　　　　　　　　　　n は 2 つです。

tennis

④ バレーボール　　　　　　　　発音は「バレー」とはちがうので注意しましょう。

volleyball

⑤ バスケットボール　　　　　　日本語とちがって最初を強く読みます。

basketball

⑥ バドミントン

badminton

⑦ 水泳　　　　　　　　　　　　　　　　　　　　　　m は 2 つです。

swimming

⑧ ドッジボール

dodgeball

⑨ スキー　　　　　　　ski だけだと「スキーの板」という意味です。

skiing

⑩ 卓球（たっきゅう）　　　　　　　　　　　　　　　　　n は 2 つです。

table tennis

9

習った単語に関する問題に答えましょう。

2はCDを聞いて，問題に答えましょう。

2 読まれた単語に合う絵を下のア〜エから選んで，記号を書きましょう。 🎵**04**

1つ5点【20点】

① （　　　　） ② （　　　　） ③ （　　　　） ④ （　　　　）

ア　　　　　　　　　イ　　　　　　　　　ウ　　　　　　　　　エ

3 絵に合う単語を右から選んで，線でつなぎましょう。

1つ5点【20点】

① ●　　　　　　　　　● dodgeball

② ●　　　　　　　　　● basketball

③ ●　　　　　　　　　● volleyball

④ ●　　　　　　　　　● badminton

4 絵に合う単語を4線に書きましょう。

1つ5点【20点】

①　　　　　　　　　　　　　②

③　　　　　　　　　　　　　④

10

答え ▶ 83ページ

④ 動物

1 ・①から順にCDを聞いて，あとについて言ってみましょう。　【10点】 **05** ♪

・声に出して読みながらなぞった後，数回書きましょう。　1つ3点【30点】

① ねこ

cat

② 犬

dog

③ うさぎ　　　　　　　　　　　　　　　　　　　b は 2 つです。

rabbit

④ さる　　　　　　　　　　　　　　「マンキー」に近い発音です。

monkey

⑤ パンダ

panda

⑥ 馬

horse

⑦ とら

tiger

⑧ 象　　　　　　　　　　　　　　ph のつづりに注意しましょう。

elephant

⑨ しまうま　　　　　　　　　　最初は「ズィー」のように発音します。

zebra

⑩ 魚

fish

習った単語に関する問題に答えましょう。

2はCDを聞いて，問題に答えましょう。

2 読まれた単語に合う絵を下のア～エから選んで，記号を書きましょう。

1つ4点【16点】

① (　　　　) ② (　　　　) ③ (　　　　) ④ (　　　　)

ア 　　イ 　　ウ　　エ

3 (例)にならって，①～④の日本語に合う単語を縦または横で探して，◯で囲みましょう。

1つ5点【20点】

(例) さる
① ねこ
② とら
③ しまうま
④ 象

z	c	t	m	o	n	k	e	y
h	r	i	b	b	i	t	c	d
a	o	g	e	d	g	o	a	a
e	l	e	p	h	a	n	t	z
r	c	r	z	e	b	r	a	a

4 日本語を英語にしましょう。[　　]のアルファベットを使いましょう。

1つ8点【24点】

① 犬 _____

　　[g, d, o]

② パンダ _____

　　[a, a, d, p, n]

③ 魚 _____

　　[h, f, i, s]

答え ▶ 84ページ

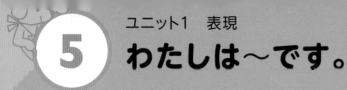

5 ユニット1　表現

わたしは〜です。

月　　日
得点
点

1 イラストを見ながら，CDに続いて英文を発音してみましょう。　【10点】 **07**

I'm Mia.
わたしはミアです。

Nice to meet you.
はじめまして。

【解説】「わたしは〜です。」は I'm 〜 . と言います。Nice to meet you. は「はじめまして。」という意味で，初対面の人へのあいさつです。

2
・①から順にCDを聞いて，発音を確認しましょう。
・声に出して読みながら，うすい文字をなぞりましょう。　1つ10点【30点】

① I'm Mia.

わたしはミアです。　　　　　　　　　　　　　➡ I'm は I am を短くした形です。

② My name is Hiroto.

わたしの名前はひろとです。　➡ My name is 〜. （わたしの名前は〜です）で自分の名前を伝えることもあります。

③ Nice to meet you.

はじめまして。　　　　　➡そのまま訳すと「あなたに会えてうれしいです。」という意味です。

13

3 CDを聞いて，それぞれの人の名前を右の〔 〕から選んで，記号で答えましょう。 ♪**08**

1つ10点【30点】

① ② ③

( ) ( ) ( )

ア Aya（あや）

イ Jim（ジム）

ウ Emma（エマ）

4 日本語の意味になるように，〔 〕内の単語を並べかえ，4線に英文を書きましょう。

1つ10点【20点】

① わたしの名前はあや(Aya)です。

[name / Aya / is / my].

➡文の最初の文字と，名前の1文字目は大文字で書きます。

② はじめまして。

[you / to / nice / meet].

5 例にならって，自分の下の名前を紹介する文を英語で書きましょう。

【10点】

（例）I'm Shun.

（ぼくはしゅんです。）

答え ▶ 84ページ

6 出身はどこ?

1 イラストを見ながら，CDに続いて英文を発音してみましょう。　【10点】

【解説】「あなたはどこの出身ですか。」は Where are you from? でたずねます。「わたしは〜の出身です。」は I'm from 〜. と言います。

2
・①から順にCDを聞いて，発音を確認しましょう。
・声に出して読みながら，うすい文字をなぞりましょう。　　1つ10点【30点】

① Where are you from?

あなたはどこの出身ですか。　　　　　　　　　　　➡ where は「どこ」という意味です。

② I'm from Canada.

わたしはカナダの出身です。　　　　　　　　➡国の名前の1文字目は大文字で書きます。

③ I'm from Japan.

わたしは日本の出身です。

3 CDを聞いて，それぞれの人の出身国を右の ▭ から選んで，記号 🎵**10** で答えましょう。

1つ10点【30点】

① ② ③

Jim   Emma   Shun

（　　） （　　） （　　）

ア 日本

イ アメリカ

ウ カナダ

4 日本語の意味になるように，[　]内の単語を並べかえ，4線に英文
を書きましょう。

1つ10点【20点】

① あなたはどこの出身ですか。

[from / you / where / are]?

➡文の最初は大文字で書きましょう。

② わたしはアメリカの出身です。

[America / from / I'm].

➡国の名前の1文字目は大文字で書きます。

5 下の質問に対するあなたの答えを，英語で書きましょう。 【10点】

Where are you from?

7 〜が得意です。

月　日

得点

点

1 イラストを見ながら，CDに続いて英文を発音してみましょう。　【10点】

【解説】「わたしは〜が得意です。」は I'm good at 〜. と言います。「わたしは〜ができます。」は I can 〜. と言います。

2 ・①から順にCDを聞いて，発音を確認しましょう。

・声に出して読みながら，うすい文字をなぞりましょう。　1つ10点【30点】

① I'm good at tennis.

わたしはテニスが得意です。　　　➡ I'm good at playing tennis. と言うこともあります。

② I can play baseball.

わたしは野球ができます。　　　➡最後に well をつけると「上手に」という意味になります。

③ I'm good at swimming.

わたしは水泳が得意です。

17

3 CDを聞いて，それぞれの人が得意なスポーツを右の ____ から選んで，記号で答えましょう。

1つ10点【30点】

⑫

① Jim
(　)

② Emma
(　)

③ Shun
(　)

ア basketball
イ volleyball
ウ badminton

4 日本語の意味になるように，[　　　]内の単語を並べかえ，4線に英文を書きましょう。

1つ10点【20点】

① わたしはスキーが得意です。

[at / good / skiing / I'm].

② わたしはバドミントンができます。

[I / badminton / can / play].

5 例にならって，自分の得意なスポーツを言う文を英語で書きましょう。

【10点】

（例）I'm good at volleyball.
（わたしはバレーボールが得意です。）

8 好きな動物は？

1 イラストを見ながら，CDに続いて英文を発音してみましょう。　【10点】 🎵13

What **animal** do you like?

あなたは何の動物が好きですか。

I like **cats**.

ぼくはねこが好きです。

【解説】「あなたは何の～が好きですか。」は What ～ do you like? でたずねます。「わたしは～が好きです。」は I like ～. と言います。

2 ・①から順にCDを聞いて，発音を確認しましょう。

・声に出して読みながら，うすい文字をなぞりましょう。　　　　1つ10点【30点】

① What animal do you like?

あなたは何の動物が好きですか。　　　　➡ animal ではなく animals と言うこともあります。

② I like cats.

わたしはねこが好きです。　　　　➡ I like ～. の文では，動物の名前には s をつけます。

③ What sport do you like?

あなたは何のスポーツが好きですか。　　　　➡ animal を sport（スポーツ）に変えた例です。

19

3 CDを聞いて，それぞれの人が好きな動物を右の ▭ から選んで，記号で答えましょう。　　　1つ10点【30点】　🎵**14**

① Jim （　　　）
② Emma （　　　）
③ Aya （　　　）

ア cats
イ rabbits
ウ pandas

4 日本語の意味になるように，[　　]内の単語を並べかえ，4線に英文を書きましょう。　　　1つ10点【20点】

① あなたは何の動物が好きですか。

[animal / you / what / do / like]?

② わたしはさる(monkeys)が好きです。

[like / monkeys / I].

5 下の質問に対するあなたの答えを，英語で書きましょう。　　　【10点】

What animal do you like?

答え ▶ 85ページ

月　日　**15**分

点

※英語で名前を書きましょう。

9 まとめテスト①

1 CDで，あるグループ名が日本語で読まれたあと，ア，イ，ウの3つ
の単語が読まれます。この中からグループの仲間ではない単語を1つ
選んで，記号を〇で囲みましょう。　　　　　　　　　　　1つ6点【18点】

15

① （ ア　　イ　　ウ ）　　　　② （ ア　　イ　　ウ ）

③ （ ア　　イ　　ウ ）

2 CDで，それぞれの絵について，アとイの単語が読まれます。絵に合
うほうを選んで，記号を〇で囲みましょう。　　　　　　1つ5点【20点】

16

① （ ア　　イ ）　　　　　　② （ ア　　イ ）

イギリス

③ （ ア　　イ ）　　　　　　④ （ ア　　イ ）

3 CDを聞いて，読まれた英語を4線の（　　）に書きましょう。

17

1つ8点【16点】

① I'm from （　　　　　　　）.

② I like （　　　　　　　）.

4 （例）にならって，①～④の絵に合う単語を縦または横で探して，◯で囲みましょう。

1つ5点【20点】

（例）

①  ②
③  ④

e	d	a	m	t	n	o
s	o	c	c	e	r	s
a	g	a	e	n	g	t
e	a	t	p	n	a	r
m	s	k	i	i	n	g
b	c	r	j	s	b	o

5 日本語の意味になるように，英語を4線の（　）に書きましょう。

1つ8点【16点】

① はじめまして。

（　　　　　） to meet you.

② あなたは何のスポーツが好きですか。

（　　　　　） sport do you like?

6 日本語の意味になるように，[　]内の単語を並べかえ，4線に英文を書きましょう。

【10点】

あなたはどこの出身ですか。

[from / where / you / are]?

22

答え ▶ 85ページ

10 身の回りのもの

月　　　日

得点

点

1 ・①から順にCDを聞いて，あとについて言ってみましょう。　【10点】 🎵18

・声に出して読みながらなぞった後，数回書きましょう。　1つ3点【30点】

① かばん，バッグ

bag

② ペン

pen

③ 本　　　　　　　　　　　　　　　　　　　　　　　　　o は 2 つです。

book

④ ぼうし

hat

⑤ （野球ぼうなどの）ぼうし，キャップ

cap

⑥ ボール

ball

⑦ ラケット　　　　　　　　　　　　　　　　　　　　最初を強く読みます。

racket

⑧ うで時計

watch

⑨ Tシャツ

T-shirt

⑩ かさ　　　　　　　　　　　　　　　　　umb のつづりに注意しましょう。

umbrella

習った単語に関する問題に答えましょう。
2はCDを聞いて，問題に答えましょう。

2 読まれた単語に合う絵を下のア〜エから選んで，記号を書きましょう。

♪**19**

1つ4点【16点】

① （　　　　　）　② （　　　　　）　③ （　　　　　）　④ （　　　　　）

ア 　イ 　ウ 　エ

3 （例）にならって，①〜④の日本語に合う単語を縦または横で探して，
⬭で囲みましょう。

1つ5点【20点】

（例）ペン
① かばん，バッグ
② ラケット
③ かさ
④ （野球ぼうなどの）
　ぼうし，キャップ

e	c	b	e	o	n	k	e
f	r	a	c	k	e	t	z
a	o	g	a	x	g	o	p
e	r	e	p	e	n	z	t
u	m	b	r	e	l	l	a

4 日本語を英語にしましょう。[　　]のアルファベットを使いましょう。

1つ8点【24点】

① 本　

　[k, b, o, o]

② ボール　

　[a, b, l, l]

③ うで時計　

　[a, t, w, h, c]

答え ▶ 86ページ

一日の生活

11

1 ・①から順にCDを聞いて，あとについて言ってみましょう。　【10点】🎵 **20**

・声に出して読みながらなぞった後，数回書きましょう。　1つ3点【30点】

 ① 起きる

get up

 ② 新聞を取って来る　　　　　　　このgetは「取る」という意味です。

get the newspaper

 ③ 朝食を食べる　　　　　　breakfastのeaのつづりに注意しましょう。

have breakfast

 ④ 学校に行く

go to school

 ⑤ 家に帰る

go home

 ⑥ 犬の散歩をする　　　　　　　　　walkのlは発音しません。

walk my dog

 ⑦ 宿題をする

do my homework

 ⑧ ふろに入る

take a bath

 ⑨ 歯をみがく

brush my teeth

 ⑩ ねる　　　　　　　　ベッドなどに入ってねつくことを表します。

go to bed

25

習ったことばに関する問題に答えましょう。

2 はCDを聞いて，問題に答えましょう。

2 それぞれの絵について，アとイの英語が読まれます。絵に合うほうを
選んで，記号を〇で囲みましょう。　　　　　　　1つ8点【24点】　🎵 **21**

①（　ア　　イ　）　　②（　ア　　イ　）　　③（　ア　　イ　）

3 絵を表すことばを右から選んで，線でつなぎましょう。　　1つ5点【20点】

① ●　　　　　　　　　　　　　　● take a bath

② ●　　　　　　　　　　　　　　● go home

③ ●　　　　　　　　　　　　　　● do my homework

④ ●　　　　　　　　　　　　　　● get up

4 日本語の意味になるように，英語を4線の（　　　）に書きましょう。

1つ8点【16点】

① 学校に行く　go to（　　　　　　　　　　　　）

② ねる　　　　go to（　　　　　　　　　　　　）

答え ▶ 86ページ

12 動作

1
- ①から順にCDを聞いて，あとについて言ってみましょう。　【10点】 🎵22
- 声に出して読みながらなぞった後，数回書きましょう。　1つ3点【30点】

① 走る
run

② 泳ぐ
swim

③ 食べる
eat

④ 飲む
drink

⑤ 料理する
cook

⑥ 勉強する　　　　　　　　　　　　　u のつづりに注意しましょう。
study

⑦ 歌う
sing

⑧ 見る
see

⑨ 買う　　　　　　　　　　　　　　uy のつづりに注意しましょう。
buy

⑩ スケートをする
skate

27

習った単語に関する問題に答えましょう。

2はCDを聞いて，問題に答えましょう。

2 読まれた単語に合う絵を下のア〜エから選んで，記号を書きましょう。

1つ5点【20点】

① (　　　　)　② (　　　　)　③ (　　　　)　④ (　　　　)

ア 　イ 　ウ 　エ

3 [タテのカギ] と [ヨコのカギ] をヒントに，□にアルファベットを書いて，パズルを完成させましょう。

1つ4点【16点】

> タテのカギ
> 歌う
> 食べる
> 見る
> ヨコのカギ
> スケートをする

（クロスワードパズル：s / ① ② / ③ k a t e / i t / n / ④）

4 日本語を英語にしましょう。[　　]のアルファベットを使いましょう。

1つ8点【24点】

① 勉強する　＿＿＿＿＿＿＿＿　

[s, y, t, u, d]

② 料理する　＿＿＿＿＿＿＿＿　

[k, c, o, o]

③ 泳ぐ　＿＿＿＿＿＿＿＿　

[s, m, i, w]

答え ▶ 86ページ

1 イラストを見ながら，CDに続いて英文を発音してみましょう。　【10点】　24

What's your treasure?
あなたの宝物は何ですか。

My treasure is **this watch**.
わたしの宝物はこのうで時計です。

【解説】What's your treasure? は「あなたの宝物は何ですか。」という意味です。「わたしの宝物は～です。」は My treasure is ～. と言います。

2
・①から順にCDを聞いて，発音を確認(かくにん)しましょう。
・声に出して読みながら，うすい文字をなぞりましょう。　　　1つ10点【30点】

① What's your treasure?

あなたの宝物は何ですか。　　　　　　　　　　　　➡ What's は What is を短くした形です。

② My treasure is this watch.

わたしの宝物はこのうで時計です。　　　　　　　　➡ this は「この」という意味です。

③ My treasure is this bag.

わたしの宝物はこのかばんです。

3 CDを聞いて，それぞれの人の宝物を右の 　　 から選んで，記号で
答えましょう。 　　　　　　　　　　　　　　　　　1つ10点【30点】 **25**

① Emma　②　Shun　③　Aya

| ア racket |
| イ hat |
| ウ pen |

Emma 　　 Shun 　　 Aya
（　　）　（　　）　（　　）

4 日本語の意味になるように，[　　]内の単語を並べかえ，4線に英文
を書きましょう。 　　　　　　　　　　　　　　　　　1つ10点【20点】

① あなたの宝物は何ですか。

[treasure / your / what's]?

② わたしの宝物はこのボールです。

[ball / my / this / treasure / is].

5 日本語の意味になるように，英文を4線に書きましょう。

【10点】

ぼくの宝物はこの本です。

答え ▶ 87ページ

14 何時に起きる?

1 イラストを見ながら，CDに続いて英文を発音してみましょう。 【10点】 **26**♪

What time do you **get up**?

あなたは何時に起きますか。

I **get up** at **six**.

わたしは6時に起きます。

【解説】「あなたは何時に〜しますか。」は What time do you 〜? でたずねます。「わたしは…時に〜します。」は I 〜 at …. と言います。

2 ・①から順にCDを聞いて，発音を確認しましょう。

・声に出して読みながら，うすい文字をなぞりましょう。 1つ10点【30点】

① What time do you get up?

あなたは何時に起きますか。 ➡ What time は「何時」という意味です。

② I get up at six.

わたしは6時に起きます。

③ I go to bed at nine.

わたしは9時にねます。

31

3 CDを聞いて，それぞれの人が何をする時間について言っているのか，右の ☐ から選んで，記号で答えましょう。 ①1つ10点【30点】 (27)♪

①   ②   ③

Jim   Emma   Shun

(   )   (   )   (   )

ア 朝食を食べる

イ 家に帰る

ウ ふろに入る

4 日本語の意味になるように，[   ]内の英語を並べかえ，4線に英文を書きましょう。 1つ10点【20点】

① あなたは何時に起きますか。

[what / you / get up / time / do]?

② わたしは8時(eight)におふろに入ります。

[eight / at / take / I / a / bath].

5 下の質問に対するあなたの答えを，英語で書きましょう。

【10点】

What time do you go to bed?
（あなたは何時にねますか。）

⑮ 土曜日の日課は?

月　　日
得点

点

1 イラストを見ながら，CDに続いて英文を発音してみましょう。　【10点】🍎28

What do you usually do on <u>Saturdays</u>?

あなたは土曜日にはふだん何をしますか。

I usually **walk my dog**.

ぼくはふだん犬の散歩をします。

【解説】ある曜日の日課について，「あなたは～にはふだん何をしますか。」は What do you usually do on ～? でたずねます。「ふだん～します。」は I usually ～. と言います。

2 ・①から順にCDを聞いて，発音を確認しましょう。

・声に出して読みながら，うすい文字をなぞりましょう。　　1つ10点【30点】

① What do you usually do on Saturdays?

あなたは土曜日にはふだん何をしますか。　　➡ここでは曜日の最後に s がつきます。

② I usually walk my dog.

わたしはふだん犬の散歩をします。　　➡ usually は「ふだん，たいてい」という意味です。

③ I usually play tennis.

わたしはたいていテニスをします。

3 CDを聞いて，それぞれの人が土曜日にふだん何をすると言っている
のか，右の □ から選んで，記号で答えましょう。　　1つ10点【30点】

♪29

① 　　　　　② 　　　　　③

Emma 　　　Shun 　　　Jim

（　　）　　（　　）　　（　　）

> ア 野球をする
> イ 朝食を作る
> ウ 宿題をする

4 日本語の意味になるように，[　　]内の単語を並べかえ，4線に英文
を書きましょう。　　1つ10点【20点】

① あなたは日曜日(Sundays)には何をしますか。

[on / Sundays / what / you / do / do]?

② わたしは公園で(in the park)走ります。

[park / the / in / I / run].

5 日本語の意味になるように，英語を4線の（　　）に書きましょう。

【両方できて10点】

> わたしは土曜日にはたいてい英語を勉強します。

I（　　　　　）study English on（　　　　　　）.

月 日 **15**分

点

1 CDでそれぞれの絵について，アとイの単語が読まれます。絵に合う
ほうを選んで，記号を〇で囲みましょう。

1つ5点【20点】

① （ ア イ ）

② （ ア イ ）

③ （ ア イ ）

④ （ ア イ ）

2 CDで読まれたほうの英語を選んで，４線に書きましょう。

1つ6点【12点】

①

eat　　　see

②

swim　　　sing

3 CDを聞いて，読まれた英語を４線の（　）に書きましょう。

1つ7点【14点】

① My treasure is this （　　　　）.

② I （　　　　　） breakfast at six.

35

4 日本語に合う英語を右から選んで，線でつなぎましょう。　　1つ7点【28点】

① 学校に行く　　●━━━━━●　brush my teeth

② 買う　　●━━━━━●　go to school

③ 料理する　　●━━━━━●　cook

④ 歯をみがく　　●━━━━━●　buy

5 日本語の意味になるように，英語を4線の（　　）に書きましょう。

1つ8点【16点】

① あなたは金曜日（Fridays）にはふだん何をしますか。

What do you （　　　　　） do on Fridays?

② わたしは8時におふろに入ります。

I take a （　　　　　） at eight.

6 下の質問に対するあなたの答えを，英語で書きましょう。　　【10点】

What time do you get up?
（あなたは何時に起きますか。）

答え ▶ 88ページ

17 季節・年中行事

1
- ①から順にCDを聞いて，あとについて言ってみましょう。　【10点】**33** ♪
- 声に出して読みながらなぞった後，数回書きましょう。　1つ3点【30点】

① 春
spring

② 夏　　　　　　　　　　　　　　　　　　　　　　　　　mは2つです。
summer

③ 秋　　　　　　　　　　　　　　　　　　　　　autumnと言うこともあります。
fall

④ 冬
winter

⑤ 元日
New Year's Day

⑥ ひな祭り　　　　　　　　　　　　　　　「人形のお祭り」という意味です。
Dolls' Festival

⑦ こどもの日　　　　　　　　　childrenは「子どもたち」という意味です。
Children's Day

⑧ 七夕　　　　　　　　　　　　　　　　　　「星のお祭り」という意味です。
Star Festival

⑨ 花火　　　　　　　　　　　「花火大会」ならfireworks festivalと言います。
fireworks

⑩ 大みそか
New Year's Eve

37

習った単語に関する問題に答えましょう。

2はCDを聞いて，問題に答えましょう。

2 読まれた単語に合う絵を下のア～エから選んで，記号を書きましょう。 🎵 **34**

1つ5点【20点】

① (　　　　)　　② (　　　　)　　③ (　　　　)　　④ (　　　　)

3 絵に合う単語を右から選んで，線でつなぎましょう。

1つ5点【20点】

①　　　　　●　　　　　●　New Year's Day

②　　　　　●　　　　　●　Dolls' Festival

③　　　　　●　　　　　●　Children's Day

④　　　　　●　　　　　●　Star Festival

4 絵の季節を表す単語を4線に書きましょう。

1つ5点【20点】

①　　　　　　　　　　　②

③　　　　　　　　　　　④

答え ▶ 88ページ

18 様子・状態

1 ・①から順にCDを聞いて，あとについて言ってみましょう。　【10点】 35

　・声に出して読みながらなぞった後，数回書きましょう。　1つ3点【30点】

① 大きい

big

② 小さい　　　　　　　　　　　　　　　　　　　　lは２つです。

small

③ 長い

long

④ 短い

short

⑤ 新しい

new

⑥ 古い　　　　　　　　　　　　　人が「年をとった」という意味でも使われます。

old

⑦ すてきな，（人が）やさしい

nice

⑧ 楽しいこと

fun

⑨ 美しい　　　　　　　　　　　　　　　eau のつづりに注意しましょう。

beautiful

⑩ わくわくする　　　　　　　　　　　　c を忘れないようにしましょう。

exciting

習った単語に関する問題に答えましょう。

2はCDを聞いて，問題に答えましょう。

2 読まれた単語に合う絵を下のア〜エから選んで，記号を書きましょう。

1つ5点【20点】

① (　　　　) ② (　　　　) ③ (　　　　) ④ (　　　　)

ア　　　　　　　　イ　　　　　　　　ウ　　　　　　　　エ

長い　　　　　　　短い　　　　　　　新しい　　　　　　古い

3 日本語に合う英語を右から選んで，線でつなぎましょう。　　1つ5点【20点】

① 美しい　　　　　　　　　　　　　　　　fun

② すてきな　　　　　　　　　　　　　　　nice

③ 楽しいこと　　　　　　　　　　　　　　beautiful

④ わくわくする　　　　　　　　　　　　　exciting

4 絵に合う単語を4線に書きましょう。　　1つ5点【20点】

① 大きい

② 小さい

③ 新しい

④ 古い

40

答え ▶ 88ページ

19 味

1 ・①から順にCDを聞いて，あとについて言ってみましょう。　【10点】🎵**37**

・声に出して読みながらなぞった後，数回書きましょう。　1つ3点【30点】

 ① とてもおいしい

delicious

 ② あまい

sweet

 ③ すっぱい

sour

 ④ 苦い

bitter

 ⑤ しょっぱい，塩からい

salty

 ⑥ （スパイスなどが）からい

spicy

 ⑦ 熱い，からい　　　　　　　　　　　「暑い」という意味でも使われます。

hot

 ⑧ 冷たい　　　　　　　　　　　　　　「寒い」という意味でも使われます。

cold

 ⑨ やわらかい

soft

 ⑩ かたい

hard

2 読まれた単語に合う絵を下のア〜エから選んで，記号を書きましょう。

38

1つ4点【16点】

① (　　　　) 　② (　　　　) 　③ (　　　　) 　④ (　　　　)

ア
あまい

イ
(スパイスなどが) からい

ウ
とてもおいしい

エ
やわらかい

3 (例)にならって，①〜④の日本語に合う単語を縦または横で探して，
◯で囲みましょう。

1つ5点【20点】

(例) しょっぱい，塩からい
① かたい
② やわらかい
③ すっぱい
④ 苦い

s	a	l	t	y	n	h	n
l	w	a	c	s	e	a	b
m	o	g	s	o	u	r	p
e	r	e	p	f	n	d	t
a	b	i	t	t	e	r	r

4 日本語を英語にしましょう。[　　　]のアルファベットを使いましょう。

1つ8点【24点】

① 熱い，からい

[t, h, o]

② 冷たい

[c, d, l, o]

③ とてもおいしい

[d, o, u, e, l, c, i, i, s]

20 日本の四季のイベントは？

1 イラストを見ながら，CDに続いて英文を発音してみましょう。　【10点】　**39**

Welcome to Japan.
日本にようこそ。

We have fireworks in summer.
夏には花火があります。

【解説】「～にようこそ。」は Welcome to ～. と言います。We have ～ in …. で，行事とその季節について「…には～があります。」と紹介することができます。

2 ・①から順にCDを聞いて，発音を確認しましょう。
・声に出して読みながら，うすい文字をなぞりましょう。　　　1つ10点【30点】

① Welcome to Japan.
日本にようこそ。

② We have fireworks in summer.
夏には花火があります。

③ We have the Dolls' Festival in spring.
春にはひな祭りがあります。

習った表現に関する問題に答えましょう。

3 はCDを聞いて，問題に答えましょう。

3 CDを聞いて，それぞれの人が何について紹介しているのか，右の
　　 ☐ から選んで，記号で答えましょう。 **40**

1つ10点【30点】

① Shun （　　　）　② Aya （　　　）　③ Jim （　　　）

ア 花火

イ こどもの日

ウ 七夕

4 日本語の意味になるように，[　　]内の単語を並べかえ，4線に英文
を書きましょう。

1つ10点【20点】

① 冬には大みそかがあります。

　　[New Year's Eve / winter / have / we / in].

② 夏には七夕があります。

　　[the Star Festival / we / in / summer / have].

5 日本語の意味になるように，英文を4線に書きましょう。

【10点】

日本にようこそ。

答え ▶ 89ページ

1 イラストを見ながら，CDに続いて英文を発音してみましょう。　【10点】　**41**

Where do you want to go?

あなたはどこに行きたいですか。

I want to go to France.

わたしはフランスに行きたいです。

【解説】「あなたはどこに行きたいですか。」は Where do you want to go? でたずねます。「わたしは〜に行きたいです。」は I want to go to 〜. と言います。

2 ・①から順にCDを聞いて，発音を確認しましょう。

・声に出して読みながら，うすい文字をなぞりましょう。　1つ10点【30点】

① Where do you want to go?

あなたはどこに行きたいですか。

② I want to go to France.

わたしはフランスに行きたいです。　　　➡国名や地名はいつも大文字で書き始めます。

③ I want to go to Kyoto.

わたしは京都に行きたいです。　　　　　➡行きたい場所は国以外についても言えます。

45

3 CDを聞いて，それぞれの人が行きたい国を右の □ から選んで，記号で答えましょう。

1つ10点【30点】

42

① Jim （　　）

② Aya （　　）

③ Emma （　　）

ア 日本
イ 中国
ウ イギリス

4 日本語の意味になるように，[　　]内の単語を並べかえ，4線に英文を書きましょう。

1つ10点【20点】

① あなたはどこに行きたいですか。

[go / you / do / where / to / want]?

② わたしはスペインに行きたいです。

[I / Spain / go / want / to / to].

5 下の質問に対するあなたの答えを，英語で書きましょう。

【10点】

Where do you want to go?

答え ▶ 89ページ

22 何が見どころ？

1 イラストを見ながら，CDに続いて英文を発音してみましょう。　【10点】 **43** ♪

You can see the Eiffel Tower.
エッフェルとうが見られます。

It's beautiful.
それはきれいです。

【解説】ある場所を紹介して，「（あなたは）～できます。」と伝えるときは You can ～. と言います。It's ～. で，それがどんな様子かを伝えることができます。

2 ・①から順にCDを聞いて，発音を確認しましょう。

・声に出して読みながら，うすい文字をなぞりましょう。　　1つ10点【30点】

① You can see the Eiffel Tower.

エッフェルとうが見られます。

② It's beautiful.

それはきれいです。

③ You can eat pizza.

ピザが食べられます。　　　　　　　　　➡ eat は「食べる」という意味です。

47

3 CDを聞いて，それぞれの人が紹介しているものを右の ▭ から選んで，記号で答えましょう。 🎵**44**

1つ10点【30点】

①   ②   ③

| ア ピザ |
| イ スキー |
| ウ 水泳 |

Jim   Emma   Aya

(   )   (   )   (   )

4 日本語の意味になるように，[ ] 内の英語を並べかえ，4線に英文を書きましょう。

1つ10点【20点】

① 富士山(Mt. Fuji)を見られます。

[Mt. Fuji / see / you / can].

② すし(sushi)を食べられます。

[sushi / you / eat / can].

5 日本語の意味になるように，英文を4線に書きましょう。

【10点】

> 海（the sea）を見られます。

答え ▶ 90ページ

1 CDでそれぞれの絵について，アとイの単語が読まれます。絵に合うほうを選んで，記号を○で囲みましょう。

1つ5点【20点】

① （ ア　イ ）

② （ ア　イ ）

③ （ ア　イ ）

④ （ ア　イ ）

2 CDで読まれたほうの英語を選んで，4線に書きましょう。

1つ6点【12点】

①

big　　small

②

long　　short

3 CDを聞いて，読まれた英語を4線の（　　）に書きましょう。

1つ7点【14点】

① We have Children's Day in (　　　　).

② It's (　　　).

4 日本語に合う英語を右から選んで，線でつなぎましょう。　　1つ7点【28点】

① わくわくする　　　　　　　　　　　　nice

② すてきな　　　　　　　　　　　　　delicious

③ とてもおいしい　　　　　　　　　　exciting

④ 熱い，からい　　　　　　　　　　　hot

5 日本語の意味になるように，英語を4線の（　　　）に書きましょう。

1つ8点【16点】

① 日本によようこそ。

（　　　　　　　　　　） to Japan.

② 山(the mountains)が見られます。

You can （　　　　　） the mountains.

6 日本語の意味になるように，英文を4線に書きましょう。　　【10点】

あなたはどこに行きたいですか。

答え ▶ 90ページ

24 自然

1 ・①から順にCDを聞いて，あとについて言ってみましょう。　【10点】 **48**

・声に出して読みながらなぞった後，数回書きましょう。　1つ3点【30点】

① 海　　　　　　　　　　　　　ea のつづりに注意しましょう。

sea

② 山　　　　　　　　　　「富士山」は Mt.[Mount] Fuji と言います。

mountain

③ 湖　　　　　　　　　　　「琵琶湖」は Lake Biwa と言います。

lake

④ 川　　　　　　「信濃川」は the Shinano (River) と言います。

river

⑤ 池

pond

⑥ 島　　　　　　　　　　　　　　　　s は発音しません。

island

⑦ 森

forest

⑧ 砂ばく　　　　　　　　　　　　　　最初を強く読みます。

desert

⑨ 木

tree

⑩ 花

flower

2 読まれた単語に合う絵を下のア〜エから選んで，記号を書きましょう。

1つ4点【16点】

① (　　　　　) ② (　　　　　) ③ (　　　　　) ④ (　　　　　)

ア 　イ 　ウ 　エ

3 絵に合う単語を右から選んで，線でつなぎましょう。

1つ5点【20点】

①  ●　　　● pond

② ● 　　　● island

③ 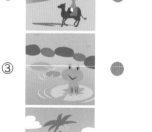 ●　　　● forest

④  ●　　　● desert

4 日本語を英語にしましょう。[　　　]のアルファベットを使いましょう。

1つ8点【24点】

① 海　　_____　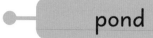

[a, e, s]

② 木　　_____　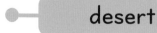

[e, e, r, t]

③ 花　　_____　

[e, f, l, o, r, w]

答え ▶ 90ページ

25 食べ物・飲み物

月　日
得点
点

1 ・①から順にCDを聞いて，あとについて言ってみましょう。　【10点】**50**
・声に出して読みながらなぞった後，数回書きましょう。　1つ3点【30点】

 ① ピザ　　　　　　　　　　　　　　　　　　　　　z は 2 つです。
pizza

 ② ハンバーガー　　　　　　　　　　　　　　　最初を強く読みます。
hamburger

 ③ ステーキ
steak

 ④ スパゲッティ　　　　　　　　　　　　　　　h は発音しません。
spaghetti

 ⑤ カレーライス
curry and rice

 ⑥ フライドチキン
fried chicken

 ⑦ 焼き魚　　　　　　　　　　　grilled は「焼かれた」という意味です。
grilled fish

 ⑧ 牛乳
milk

 ⑨ お茶，紅茶　　　　　　　　　　「緑茶」は green tea と言います。
tea

⑩ コーヒー　　　　　　　　　　　　　　　f も e も 2 つずつです。
coffee

習った単語に関する問題に答えましょう。

2はCDを聞いて，問題に答えましょう。

2 読まれた単語に合う絵を下のア〜エから選んで，記号を書きましょう。🎵**51**

1つ5点【20点】

① (　　　)　　② (　　　)　　③ (　　　)　　④ (　　　)

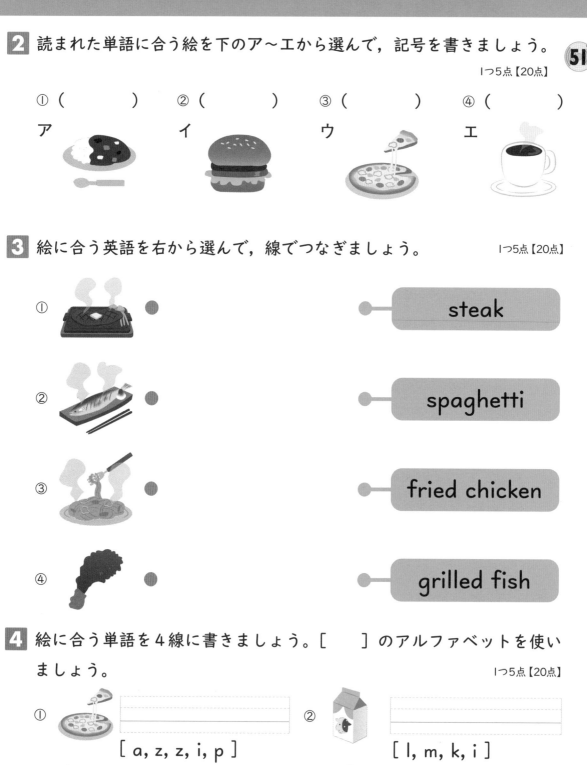

ア　　　　　　　　イ　　　　　　　　ウ　　　　　　　　エ

3 絵に合う英語を右から選んで，線でつなぎましょう。

1つ5点【20点】

①　●　　　　　　　　　　　　　●　steak

②　●　　　　　　　　　　　　　●　spaghetti

③　●　　　　　　　　　　　　　●　fried chicken

④　●　　　　　　　　　　　　　●　grilled fish

4 絵に合う単語を4線に書きましょう。[　　]のアルファベットを使いましょう。

1つ5点【20点】

①　　　　　　　　　　　　　　②

[a, z, z, i, p]　　　　　　　　　[l, m, k, i]

③　　　　　　　　　　　　　　④

[a, e, t]　　　　　　　　　　　[f, o, f, c, e, e]

54

答え ▶ 91ページ

26 行った場所は?

月　日
得点
点

1 イラストを見ながら，CDに続いて英文を発音してみましょう。　【10点】 **52** ♪

Where did you go this summer?

あなたはこの夏，どこに行きましたか。

I went to **the mountains**.

わたしは山に行きました。

【解説】「あなたはどこに行きましたか。」は Where did you go? でたずねます。「わたしは~に行きました。」は I went to ~. と言います。

2
- ①から順にCDを聞いて，発音を確認しましょう。
- 声に出して読みながら，うすい文字をなぞりましょう。　1つ10点【30点】

① Where did you go this summer?

あなたはこの夏，どこに行きましたか。　　　➡ this winter とすると「この冬」の意味になります。

② I went to the mountains.

わたしは山に行きました。

③ I went to the sea.

わたしは海に行きました。

習った表現に関する問題に答えましょう。

3はCDを聞いて，問題に答えましょう。

3 CDを聞いて，それぞれの人が行った場所を右の □ から選んで，記号で答えましょう。 **53**

1つ10点【30点】

① Emma （　　） ② Jim （　　） ③ Aya （　　）

ア　山
イ　海
ウ　湖

4 日本語の意味になるように，[　　]内の英語を並べかえて，4線に英文を書きましょう。

1つ10点【20点】

① あなたはこの夏，どこに行きましたか。

[go / where / you / did] this summer?

➡ this summer もいっしょに書きましょう。

② わたしは川(the river)に行きました。

[the river / to / I / went].

5 日本語の意味になるように，英文を4線に書きましょう。

【10点】

ぼくは海(the sea)に行きました。

答え ▶ 91ページ

27 何を食べた?

1 イラストを見ながら，CDに続いて英文を発音してみましょう。　【10点】　🎵54

I ate curry and rice.
わたしはカレーライスを食べました。

It was spicy.
からかったです。

【解説】「わたしは〜を食べました。」は I ate 〜. と言います。It was 〜. で「(それは)
〜でした。」と味などの感想を言うことができます。

2　• ①から順にCDを聞いて，発音を確認しましょう。

　• 声に出して読みながら，うすい文字をなぞりましょう。　　　1つ10点【30点】

① I ate curry and rice.

わたしはカレーライスを食べました。　　　　　➡ ate は eat「食べる」の，過去を表す形です。

② It was spicy.

(それは)からかったです。

③ I ate pizza.

わたしはピザを食べました。

57

3 CDを聞いて，それぞれの人が食べたものの感想を右の□□から選んで，記号で答えましょう。 **55**

1つ10点【30点】

① Jim （　　　）

② Emma （　　　）

③ Shun （　　　）

ア やわらかかった

イ とてもおいしかった

ウ 塩からかった

4 日本語の意味になるように，[　　　]内の単語を並べかえて，4線に英文を書きましょう。

1つ10点【20点】

① わたしはスパゲッティを食べました。

[I / spaghetti / ate].

② （それは）とてもおいしかったです。

[delicious / was / it].

5 日本語の意味になるように，英文を4線に書きましょう。 【10点】

わたしはピザを食べました。

答え ▶ 91ページ

28 何を楽しんだ？

1 イラストを見ながら，CDに続いて英文を発音してみましょう。　【10点】

【解説】楽しんだことを伝えるには I enjoyed ～. と言います。It was ～. で「それは～でした。」と感想を言うことができます。

2
・①から順にCDを聞いて，発音を確認しましょう。
・声に出して読みながら，うすい文字をなぞりましょう。　1つ10点【30点】

① I enjoyed camping.

わたしはキャンプを楽しみました。

② It was exciting.

わくわくしました。

③ I enjoyed fishing.

わたしはつりを楽しみました。

習った表現に関する問題に答えましょう。

3はCDを聞いて，問題に答えましょう。

3 CDを聞いて，それぞれの人が楽しんだことを ▭ から選んで，記号で答えましょう。　　　　1つ10点【30点】 🎵57

①
 ②
 ③

Jim 　　　 Emma 　　　 Shun

（　　） 　　（　　） 　　（　　）

| ア テニス |
| イ 野球 |
| ウ 花火大会 |

4 日本語の意味になるように，[　　]内の単語を並べかえて，4線に英文を書きましょう。　　　　1つ10点【20点】

① わたしは水泳を楽しみました。

[swimming / enjoyed / I].

② 楽しかったです。

[it / fun / was].

5 日本語の意味になるように，英文を4線に書きましょう。

【10点】

わたしはスキーを楽しみました。

答え ▶ 92ページ

1 CDで，あるグループ名が日本語で読まれたあと，ア，イ，ウの3つの単語が読まれます。この中からグループの仲間ではない単語を1つ選んで，記号を○で囲みましょう。

1つ6点【18点】

58

① （ ア　イ　ウ ）　　　② （ ア　イ　ウ ）

③ （ ア　イ　ウ ）

2 CDで，それぞれの絵について，アとイの英語が読まれます。絵に合うほうを選んで，記号を○で囲みましょう。

1つ5点【20点】

59

① （ ア　イ ）　　　② （ ア　イ ）

③ （ ア　イ ）　　　④ （ ア　イ ）

3 CDで読まれた英語を4線の（　）に書きましょう。

60

1つ8点【16点】

① I ate （　　　　　）.

② It （　　　　） spicy.

4 （例）にならって，①～④の絵に合う単語を縦または横で探して，◯で囲みましょう。　　　　　　　　　　　　　　1つ5点【20点】

（例）

c	o	f	f	e	e	o
s	o	l	o	e	r	s
z	a	o	r	n	i	t
e	a	w	e	n	v	q
y	s	e	s	t	e	a
v	c	r	t	s	r	q

① 　②

③ 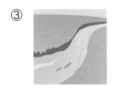　④

5 日本語の意味になるように，英語を4線の（　　　）に書きましょう。

1つ8点【16点】

① あなたはこの夏，どこに行きましたか。

（　　　　　　） did you go this summer?

② わたしは海に行きました。

I went to the （　　　　　）.

6 日本語の意味になるように，[　　]内の単語を並べかえて，4線に英文を書きましょう。　　　　　　　　【10点】

わたしは魚つりを楽しみました。
[enjoyed / I / fishing].

30 学校行事

月　　日
得点

点

1
- ①から順にCDを聞いて，あとについて言ってみましょう。　【10点】🎵**61**
- 声に出して読みながらなぞった後，数回書きましょう。　1つ3点【30点】

① 遠足　　　　　　　　　　　　　　　　　　　ie のつづりに注意しましょう。

field trip

② 修学旅行

school trip

③ 運動会，体育祭

sports day

④ 水泳大会

swimming meet

⑤ 学芸会　　　　　　　　　　　　　　　drama は「演劇」という意味です。

drama festival

⑥ 音楽祭

music festival

⑦ 合唱コンテスト

chorus contest

⑧ ボランティアデー

volunteer day

⑨ 入学式

entrance ceremony

⑩ 卒業式

graduation ceremony

習った単語に関する問題に答えましょう。

2はCDを聞いて，問題に答えましょう。

2 それぞれの絵について，アとイの単語が読まれます。絵に合うほうを
選んで，記号を○で囲みましょう。　　　　　　　1つ8点【24点】

①（　ア　　イ　）　　②（　ア　　イ　）　　③（　ア　　イ　）

3 絵に合う英語を右から選んで，線でつなぎましょう。　　1つ5点【20点】

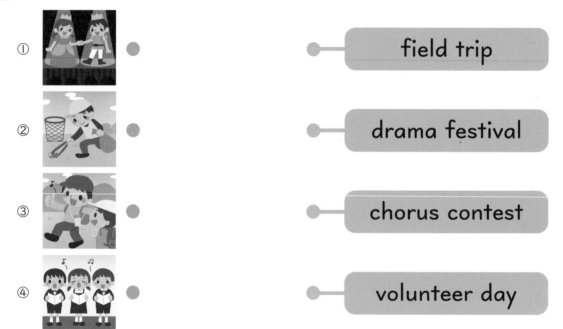

① ● ● field trip

② ● ● drama festival

③ ● ● chorus contest

④ ● ● volunteer day

4 日本語の意味になるように，英語を4線の（　　）に書きましょう。
　[　　]のアルファベットを使いましょう。

1つ8点【16点】

① 運動会　（　　　　　　　　）day
　[o, p, r, s, s, t]

② 修学旅行　（　　　　　　　　）trip
　[c, s, l, o, o, h]

答え ▶ 93ページ

③1 建物など

1 ・①から順にCDを聞いて，あとについて言ってみましょう。【10点】 🎵 **63**

・声に出して読みながらなぞった後，数回書きましょう。 1つ3点【30点】

 ① 公園

park

 ② 動物園

zoo

 ③ 水族館

aquarium

 ④ スタジアム　　　　　　日本語の「スタジアム」との発音のちがいに注意しましょう。

stadium

 ⑤ お寺

temple

 ⑥ 神社

shrine

 ⑦ お城　　　　　　　　　　　　　　　　　　　t は発音しません。

castle

 ⑧ 消防署
　　しょうぼうしょ

fire station

 ⑨ 遊園地

amusement park

⑩ 橋　　　　　　　　　　　　　　　　d を忘れないようにしましょう。

bridge

習った単語に関する問題に答えましょう。

2 はCDを聞いて，問題に答えましょう。

2 読まれた単語に合う絵を下のア～エから選んで，記号を書きましょう。

1つ4点【16点】

① (　　　　)　② (　　　　)　③ (　　　　)　④ (　　　　)

ア 　イ 　ウ 　エ

3 (例)にならって，①～④の日本語に合う単語を縦または横で探して，◯で囲みましょう。

1つ5点【20点】

(例) 橋
① お城
② 神社
③ 公園
④ 動物園

b	r	i	d	g	e	e	k
a	z	o	p	p	y	z	t
z	o	c	a	s	t	l	e
o	s	h	r	i	n	e	t
o	z	b	k	k	l	l	z

4 日本語を英語にしましょう。[　　]のアルファベットを使いましょう。

1つ8点【24点】

① お寺　　　_____　
[e, l, m, e, p, t]

② スタジアム　_____　
[a, d, i, m, s, t, u]

③ 水族館　　_____　
[a, a, i, m, q, r, u, u]

66

答え ▶ 93ページ

32 職業

1 ・①から順にCDを聞いて，あとについて言ってみましょう。　【10点】 **65**

・声に出して読みながらなぞった後，数回書きましょう。　1つ3点【30点】

① 教師，先生　　　　　　　　　　　　　　　　　　ea のつづりに注意しましょう。

teacher

② 医師　　　　　　　　　　　　　　　　　　　　　or のつづりに注意しましょう。

doctor

③ 看護師

nurse

④ パン職人，パン屋さん

baker

⑤ 生花店の店主，花屋さん

florist

⑥ パイロット

pilot

⑦ 宇宙飛行士　　　　　　　　　　　　　　　　　　最初を強く読みます。

astronaut

⑧ 歌手

singer

⑨ お笑い芸人　　　　　　　　　　　　　　　　　　e を強く読みます。

comedian

⑩ サッカー選手　　　　　　tennis player だと「テニス選手」の意味になります。

soccer player

習った単語に関する問題に合えましょう。

2はCDを聞いて，問題に答えましょう。

2 読まれた単語に合う絵を下のア〜エから選んで，記号を書きましょう。

1つ5点【20点】

① (　　　　)　② (　　　　)　③ (　　　　)　④ (　　　　)

ア 　イ 　ウ 　エ

3 ［タテのカギ］と［ヨコのカギ］をヒントに，□にアルファベットを書いて，パズルを完成させましょう。

1つ4点【16点】

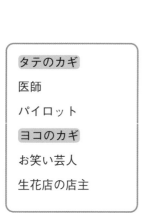

タテのカギ

医師

パイロット

ヨコのカギ

お笑い芸人

生花店の店主

d
omedian
c
flo ist
o
r

4 日本語を英語にしましょう。［　　　］のアルファベットを使いましょう。

1つ8点【24点】

① 教師

[a, c, e, h, r, e, t]

② 看護師

[e, n, r, s, u]

③ パン職人

[a, b, e, k, r]

答え ▶ 93ページ

33 いちばんの思い出は？

月　　日
得点
点

1 イラストを見ながら，CDに続いて英文を発音してみましょう。　【10点】 67

My best memory is our **school trip**.

ぼくのいちばんの思い出は修学旅行です。

We saw **many temples**.

ぼくたちはたくさんのお寺を見ました。

【解説】小学校のいちばんの思い出について伝えるときは My best memory is our 〜. と言います。We saw 〜. で，みんなでいっしょに見たものを伝えることができます。

2 ・①から順にCDを聞いて，発音を確認しましょう。

・声に出して読みながら，うすい文字をなぞりましょう。　1つ10点【30点】

① My best memory is our school trip.

わたしのいちばんの思い出は修学旅行です。　　➡ best は「いちばんよい」という意味です。

② We saw many temples.

わたしたちはたくさんのお寺を見ました。　　➡ many は「たくさんの」という意味です。

③ We saw many stars.

わたしたちはたくさんの星を見ました。

3 CDを聞いて，それぞれの人のいちばんの思い出を ⬚ から選んで，記号で答えましょう。　　　　　1つ10点【30点】　🎵**68**

①　　　　　　②　　　　　　③

Emma　　　Shun　　　Aya

（　　）　　（　　）　　（　　）

ア　運動会
イ　音楽祭
ウ　修学旅行

4 日本語の意味になるように，[　　] 内の単語を並べかえて，４線に英文を書きましょう。　　　　　1つ10点【20点】

① わたしのいちばんの思い出は遠足です。

[best / my / is / field / memory / our / trip].

② わたしたちはたくさんの花を見ました。

[flowers / saw / many / we].

5 日本語の意味になるように，英文を４線に書きましょう。

【10点】

ぼくたちはたくさんの神社を見ました。

答え ▶ 93ページ

34 入りたい部活動は？

1 イラストを見ながら，CDに続いて英文を発音してみましょう。 【10点】 **69**

What club do you want to join?

あなたは何の部活動に入りたいですか。

I want to join **the art club**.

わたしは美術部に入りたいです。

【解説】「あなたは何の部活動に入りたいですか。」は What club do you want to join?
でたずねます。「わたしは〜に入りたいです。」は I want to join 〜. と言います。

2 ・①から順にCDを聞いて，発音を確認しましょう。

・声に出して読みながら，うすい文字をなぞりましょう。 1つ10点【30点】

① What club do you want to join?

あなたは何の部活動に入りたいですか。

② I want to join the art club.

わたしは美術部に入りたいです。

③ I want to join the tennis team.

わたしはテニス部に入りたいです。 ➡運動部には team（チーム）をよく使います。

習った表現に関する問題に答えましょう。

3 はCDを聞いて，問題に答えましょう。

3 CDを聞いて，それぞれの人が入りたい部活動を右の ◻ から選んで，記号で答えましょう。

1つ10点【30点】

70

① Jim （　　）　② Emma （　　）　③ Shun （　　）

ア テニス部
イ サッカー部
ウ 美術部

4 日本語の意味になるように，[　　]内の英語を並べかえて，4線に英文を書きましょう。

1つ10点【20点】

① あなたは何の部活動に入りたいですか。

[what / you / club / join / do / to / want]?

② わたしはバスケットボール部(the basketball team)に入りたいです。

[to / join / want / I / the basketball team].

5 日本語の意味になるように，英文を4線に書きましょう。

【10点】

わたしは合唱部(the chorus)に入りたいです。

答え ▶ 94ページ

35 何を楽しみたい?

月　　　日
得点

点

1 イラストを見ながら，CDに続いて英文を発音してみましょう。　【10点】

What event do you want to enjoy?

あなたは何の行事を楽しみたいですか。

I want to enjoy **sports day**.

ぼくは体育祭を楽しみたいです。

【解説】「あなたは何の行事を楽しみたいですか。」は What event do you want to enjoy?
でたずねます。「わたしは～を楽しみたいです。」は I want to enjoy ～. と言います。

2 ・①から順にCDを聞いて，発音を確認しましょう。

・声に出して読みながら，うすい文字をなぞりましょう。　　　　1つ10点【30点】

① What event do you want to enjoy?

あなたは何の行事を楽しみたいですか。

② I want to enjoy sports day.

わたしは体育祭を楽しみたいです。

③ I want to enjoy the school festival.

わたしは学園祭を楽しみたいです。　　　➡ school festival は「学園祭，文化祭」という意味です。

73

習った表現に関する問題に答えましょう。

3 はCDを聞いて，問題に答えましょう。

3 CDを聞いて，それぞれの人が何を楽しみたいと言っているのか，右
の □ から選んで，記号で答えましょう。　　　　　　　1つ10点【30点】

🎵72

①　　　　　　②　　　　　　③

Jim　　　　Emma　　　Shun

（　　　）　（　　　）　（　　　）

ア 学園祭

イ 体育祭

ウ 修学旅行

4 日本語の意味になるように，[　　] 内の英語を並べかえて，4線に英
文を書きましょう。　　　　　　　　　　　　　　　　1つ10点【20点】

① あなたは何の行事を楽しみたいですか。

[do / you / what / to / enjoy / want / event]?

② わたしは遠足を楽しみたいです。

[want / enjoy / I / to / the field trip].

5 日本語の意味になるように，英文を4線に書きましょう。　　　【10点】

わたしは学芸会(the drama festival)を楽しみたいです。

74

答え ▶ 94ページ

③⑥ なりたい職業は？

1 イラストを見ながら，CDに続いて英文を発音してみましょう。　【10点】　♪73

> What do you want to be?
>
> あなたは何になりたいですか。
>
> I want to be **a teacher**.
>
> ぼくは教師になりたいです。

【解説】「あなたは何になりたいですか。」は What do you want to be? でたずねます。
「わたしは～になりたいです。」は I want to be ～. と言います。

2　・①から順にCDを聞いて，発音を確認しましょう。

　　　・声に出して読みながら，うすい文字をなぞりましょう。　　　1つ10点【30点】

① What do you want to be?

あなたは何になりたいですか。

② I want to be a teacher.

わたしは教師になりたいです。

③ I want to be a singer.

わたしは歌手になりたいです。

3 CDを聞いて，それぞれの人がなりたい職業を右の ⬚ から選んで，記号で答えましょう。

1つ10点【30点】 **74**

① Emma （　　） ② Shun （　　） ③ Jim （　　）

ア 医師
イ 宇宙飛行士
ウ サッカー選手

4 日本語の意味になるように，[　　]内の英語を並べかえて，4線に英文を書きましょう。

1つ10点【20点】

① あなたは何になりたいですか。

[want / do / you / what / be / to]?

② わたしはパン職人になりたいです。

[want / be / to / a baker / I].

5 日本語の意味になるように，英語を4線の（　　）に書きましょう。

【10点】

わたしは教師になりたいです。

I （　　　　　　　） to be a （　　　　　　　）.

答え ▶ 94ページ

1 CDで，それぞれの絵について，アとイの英語が読まれます。絵に合う ほうを選んで，記号を○で囲みましょう。 1つ5点【20点】

① （ ア　イ ）

② （ ア　イ ）

③ （ ア　イ ）

④ （ ア　イ ）

2 CDで読まれたほうの英語を選んで，４線に書きましょう。

1つ6点【12点】

①

park　　temple

②

bridge　　zoo

3 CDを聞いて，読まれた英語を４線の（　　）に書きましょう。

1つ7点【14点】

① I want to be a (　　　　　).

② I want to join the (　　　　) club.

4 日本語に合う英語を右から選んで，線でつなぎましょう。 1つ7点【28点】

① お笑い芸人 ● ━━ ● nurse

② 看護師 ● ━━ ● teacher

③ 宇宙飛行士 ● ━━ ● comedian

④ 教師 ● ━━ ● astronaut

5 日本語の意味になるように，英語を4線の（　　　）に書きましょう。

1つ8点【16点】

① あなたは何の部活動に入りたいですか。

What（　　　　　）do you want to join?

② わたしは体育祭を楽しみたいです。

I want to（　　　　　　）sports day.

6 下の質問に対するあなたの答えを，英語で書きましょう。 【10点】

What do you want to be?
（あなたは何になりたいですか。）

78

答え ▶ 95ページ

1 CDで，それぞれの絵について，アとイの英語が読まれます。絵に合うほうを選んで，記号を〇で囲みましょう。

1つ5点【20点】 **78**

① （ ア 　 イ ）

② （ ア 　 イ ）

イギリス

③ （ ア 　 イ ）

④ （ ア 　 イ ）

2 CDで読まれたほうの英語を選んで，4線に書きましょう。

79

1つ6点【12点】

①
monkey　　tiger

②
horse　　zebra

3 CDを聞いて，読まれた英語を4線の（　　）に書きましょう。

80

1つ7点【14点】

① I'm from (　　　　　).

② I (　　　) up at six.

4 日本語に合う英語を右から選んで，線でつなぎましょう。　　　1つ7点【28点】

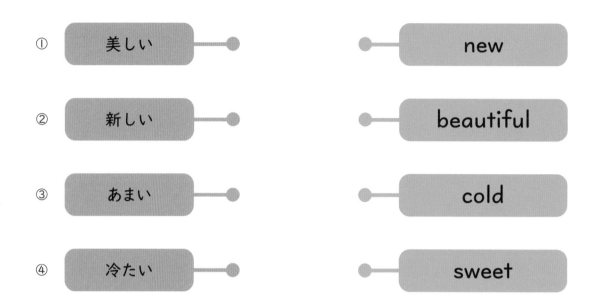

① 美しい　　　　　　　　　　　　　　　new

② 新しい　　　　　　　　　　　　　　beautiful

③ あまい　　　　　　　　　　　　　　　cold

④ 冷たい　　　　　　　　　　　　　　sweet

5 日本語の意味になるように，英語を4線の（　　　）に書きましょう。

1つ8点【16点】

① あなたは何の動物が好きですか。

（　　　　　　　） animal do you like?

② 夏には花火があります。

We have fireworks in （　　　　　　　）.

6 日本語の意味になるように，英文を4線に書きましょう。　　　【10点】

わたしはテニスが好きです。

答え ▶ 95ページ

39 総まとめテスト②

1 CDで，それぞれの絵について，アとイの英語が読まれます。絵に合う ほうを選んで，記号を○で囲みましょう。

1つ4点【32点】

① （ ア イ ）

② （ ア イ ）

③ （ ア イ ）

④ （ ア イ ）

⑤ （ ア イ ）

⑥ （ ア イ ）

⑦ （ ア イ ）

⑧ （ ア イ ）

2 CDを聞いて，読まれた英語を4線の（　　）に書きましょう。

1つ7点【14点】

① I want to go to (　　　　　).

② I want to be a (　　　　　).

3 日本語に合う英語を右から選んで，線でつなぎましょう。　　1つ7点【28点】

① 学校に行く　　　　　　　　　　　　　buy

② 宿題をする　　　　　　　　　　　go to school

③ 歌う　　　　　　　　　　　　　　　sing

④ 買う　　　　　　　　　　　do my homework

4 日本語の意味になるように，英語を4線の（　　）に書きましょう。

1つ8点【16点】

① あなたはこの夏，どこに行きましたか。

Where did you（　　　　　）this summer?

② わたしはキャンプを楽しみました。

I（　　　　　　　　）camping.

5 日本語の意味になるように，英文を4線に書きましょう。　　【10点】

 あなたは何になりたいですか。

答え ▶ 96ページ

答えとアドバイス

▶まちがえた問題は，もう一度やり直しましょう。
▶ **アドバイス** を読んで，参考にしてください。

1 アルファベット　5～6ページ

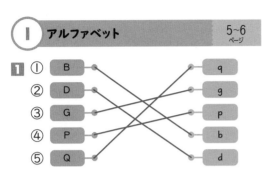

1 ① B ─ b
② D ─ d
③ G ─ g
④ P ─ p
⑤ Q ─ q

2 ① a c e ② f k n
③ J R X ④ H M W

3 A①B C②D E F G H③I
J K④L M⑤N⑥O P Q R
⑦S T⑧U V⑨W X Y⑩Z

4 a①b c②d e f③g h i
④j k⑤l m⑥n o p q⑦r
s⑧t⑨u v w x⑩y z

✔アドバイス

1 b と d，p と q のようなまちがえやすい文字に注意しましょう。

2 ②h と区別できるように，n は縦の棒を上にのばしすぎないようにしましょう。

2 国　7～8ページ

2 ① イ ② エ ③ ア ④ ウ

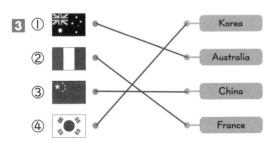

3 ① ─ Australia
② ─ France
③ ─ China
④ ─ Korea

4 ① Japan ② America
③ Canada

CD で読まれた英語

2 ① Japan （日本）
② the U.K. （イギリス）
③ Spain （スペイン）
④ Russia （ロシア）

✔アドバイス

4 国の名前はいつも大文字で書き始めます。

3 スポーツ　9～10ページ

2 ① エ ② ウ ③ ア ④ イ

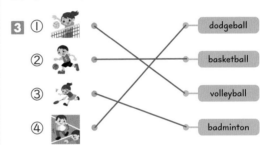

3 ① ─ basketball
② ─ badminton
③ ─ dodgeball
④ ─ volleyball

4 ① baseball ② soccer
③ skiing ④ tennis

CD で読まれた英語

2 ① swimming （水泳）
② baseball （野球）
③ tennis （テニス）
④ table tennis （卓球）

✔アドバイス

4 ② soccer のつづりに注意しましょう。

83

4 動物 　　　　　　　　　11〜12ページ

2 ① エ　② ウ　③ イ　④ ア

3

z	c	t	m	o	n	k	e	y
h	r	i	b	b	i	t	c	d
a	o	g	e	d	g	o	a	a
e	l	e	p	h	a	n	t	z
r	c	r	z	e	b	r	a	a

① cat　　　② tiger
③ zebra　　④ elephant

4 ① dog　② panda
③ fish

CD で読まれた英語

2 ① zebra（しまうま）
② elephant（象）
③ rabbit（うさぎ）
④ dog（犬）

5 わたしは〜です。　　　　13〜14ページ

3 ① ウ　② イ　③ ア

4 ① My name is Aya.
② Nice to meet you.

5 （例）I'm Jun.

CD で読まれた英語

3 ① Hello. I'm Emma. Nice to meet you.
（こんにちは。わたしはエマです。はじめまして。）
② Hello. I'm Jim. Nice to meet you.
（こんにちは。ぼくはジムです。はじめまして。）
③ Hi. My name is Aya. Nice to meet you.
（こんにちは。わたしの名前はあやです。はじめまして。）

アドバイス

4 文の最初はいつも大文字です。①の My，②の Nice は大文字で始めてください。

5 I'm または My name is のあとに，自分

の名前をローマ字で書きましょう。名前の最初の文字は大文字で書くことに注意してください。

6 出身はどこ？　　　　　15〜16ページ

3 ① イ　② ウ　③ ア

4 ① Where are you from?
② I'm from America.

5 （例）I'm from Japan.

CD で読まれた英語

3 ① Where are you from, Jim?
（あなた はどこの出身ですか，ジム。）
— I'm from America.
（ぼくはアメリカの出身です。）
② Where are you from, Emma?
（あなたはどこの出身ですか，エマ。）
— I'm from Canada.
（わたしはカナダの出身です。）
③ Where are you from, Shun?
（あなたはどこの出身ですか，しゅん。）
— I'm from Japan.
（ぼくは日本の出身です。）

アドバイス

5 I'm from のあとに出身地を書きましょう。Japan（日本）などの国名のほか，Tokyo（東京）のような地名を答えてもかまいません。国名・地名の最初の文字は大文字にすることに注意してください。

7 ～が得意です。 17~18ページ

3 ① ア ② イ ③ ウ

4 ① I'm good at skiing.

② I can play badminton.

5 （例） I'm good at swimming.

CD で読まれた英語

3 ① I'm Jim. I'm good at basketball.

（ぼくはジムです。ぼくはバスケットボールが得意です。）

② I'm Emma. I'm good at volleyball.

（わたしはエマです。わたしはバレーボールが得意です。）

③ I'm Shun. I'm good at badminton.

（ぼくはシュンです。ぼくはバドミントンが得意です。）

アドバイス

5 I'm good at のあとにスポーツの名前を書きましょう。（例）は「わたしは水泳が得意です。」という意味です。

8 好きな動物は？ 19~20ページ

3 ① ア ② ウ ③ イ

4 ① What animal do you like?

② I like monkeys.

5 （例） I like dogs.

CD で読まれた英語

3 ① What animal do you like, Jim?

（あなたは何の動物が好きですか，ジム。）

— I like cats.

（ぼくはねこが好きです。）

② What animal do you like, Emma?

（あなたは何の動物が好きですか，エマ。）

— I like pandas.

（わたしはパンダが好きです。）

③ What animal do you like, Aya?

（あなたは何の動物が好きですか，あや。）

— I like rabbits.

（わたしはうさぎが好きです。）

アドバイス

5 I like のあとに動物の名前を書きましょう。ふつうは動物の名前の最後に s をつけます。（例）は「わたしは犬が好きです。」という意味です。

9 まとめテスト① 21~22ページ

1 ① ウ ② イ ③ イ

2 ① ア ② イ ③ ア ④ ア

3 ① I'm from Japan.

② I like tennis.

4

e	d	a	m	t	n	o
s	o	c	c	e	r	s
a	g	a	e	n	g	t
e	a	t	p	n	a	r
m	s	k	i	i	n	g
b	c	r	j	s	b	o

① skiing（スキー） ② soccer（サッカー）

③ tennis（テニス） ④ cat（ねこ）

5 ① Nice to meet you.

② What sport do you like?

6 Where are you from?

CD で読まれた英語

1 ① 国：

ア Japan（日本）

イ Russia（ロシア）

ウ elephant（象）

② スポーツ：

ア baseball（野球）

イ Spain（スペイン）

ウ skiing（スキー）

③ スポーツ：

ア badminton（バドミントン）

イ zebra（しまうま）

ウ table tennis（卓球）

2 ① ア the U.K.（イギリス）

85

イ Korea （かん国）

② ア swimming （水泳）

イ volleyball （バレーボール）

③ ア basketball （バスケットボール）

イ tennis （テニス）

④ ア monkey （さる）

イ horse （馬）

③ ① I'm from Japan.

（わたしは日本の出身です。）

② I like tennis.

（わたしはテニスが好きです。）

📝 アドバイス

1 ① アとイは国名ですが，ウは動物です。

② アとウはスポーツですが，イは国名です。

③ アとウはスポーツですが，イは動物です。

5 6 文の最初は大文字で書きます。Nice,

What, Where の最初の文字を大文字に

するのをわすれないようにしましょう。

⑩ **身の回りのもの**　23~24ページ

2 ① ア　② エ　③ イ　④ ウ

3

e	c	b	e	o	n	k	e
f	r	a	c	k	e	t	z
a	o	g	a	x	g	o	p
e	r	e	p	e	n	z	t
u	m	b	r	e	l	l	a

① bag　② racket

③ umbrella　④ cap

4 ① book　② ball

③ watch

CD で読まれた英語

2 ① T-shirt （Tシャツ）

② hat （ぼうし）

③ watch （うで時計）

④ umbrella （かさ）

⑪ **一日の生活**　25~26ページ

2 ① イ　② イ　③ ア

3

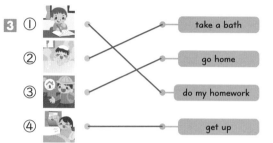

① ——— do my homework

② ——— take a bath

③ ——— go home

④ ——— get up

4 ① go to school

② go to bed

CD で読まれた英語

2 ① ア get up （起きる）

イ brush my teeth （歯をみがく）

② ア go home （家に帰る）

イ have breakfast （朝食を食べる）

③ ア walk my dog （犬の散歩をする）

イ take a bath （ふろに入る）

⑫ **動作**　27~28ページ

2 ① ウ　② エ　③ ア　④ イ

3

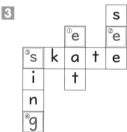

[タテ] sing （歌う）, eat （食べる）,

see （見る）

[ヨコ] skate （スケートをする）

4 ① study　② cook

③ swim

CD で読まれた英語

2 ① buy （買う）

② skate （スケートをする）

③ run （走る）

④ drink （飲む）

13 宝物は何？ 29～30ページ

3 ① ウ ② ア ③ イ

4 ① What's your treasure?

② My treasure is this ball.

5 My treasure is this book.

CD で読まれた英語

3 ① I'm Emma. My treasure is this pen.

（わたしはエマです。わたしの宝物はこのペンです。）

② I'm Shun. My treasure is this racket.

（ぼくはしゅんです。ぼくの宝物はこのラケットです。）

③ I'm Aya. My treasure is this hat.

（わたしはあやです。わたしの宝物はこのぼうしです。）

アドバイス

5 「わたしの宝物は～です。」は，My treasure is ～. で表します。

14 何時に起きる？ 31～32ページ

3 ① イ ② ウ ③ ア

4 ① What time do you get up?

② I take a bath at eight.

5 （例）I go to bed at nine.

CD で読まれた英語

3 ① I'm Jim. I go home at four.

（ぼくはジムです。ぼくは4時に家に帰ります。）

② I'm Emma. I take a bath at eight.

（わたしはエマです。わたしは8時におふろに入ります。）

③ I'm Shun. I have breakfast at seven.

（ぼくはしゅんです。ぼくは7時に朝食を食べます。）

アドバイス

5 I go to bed at のあとに，ねる時間を書きましょう。（例）は「わたしは9時にねます。」という意味です。

15 土曜日の日課は？ 33～34ページ

3 ① ウ ② イ ③ ア

4 ① What do you do on Sundays?

② I run in the park.

5 I usually study English on Saturdays.

CD で読まれた英語

3 ① What do you usually do on Saturdays, Emma?

（土曜日にはふだん何をしますか，エマ。）

— I usually do my homework.

（わたしはふだん宿題をします。）

② What do you usually do on Saturdays, Shun?

（土曜日にはふだん何をしますか，しゅん。）

— I usually make breakfast.

（ぼくはふだん朝食を作ります。）

③ What do you usually do on Saturdays, Jim?

（土曜日にはふだん何をしますか，ジム。）

— I usually play baseball.

（ぼくはふだん野球をします。）

アドバイス

5 「ふだん，たいてい」という意味の usually と，「土曜日」という意味の Saturdays が入ります。Saturdays のつづりに注意しましょう。最後の s を忘れないようにしましょう。

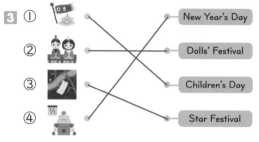

usually を使って I usually get up at 〜.
としてもよいでしょう。

16 まとめテスト②　35〜36ページ

1 ① ア　② ア　③ ア　④ イ

2 ① see　② sing

3 ① My treasure is this watch.
　② I have breakfast at six.

4

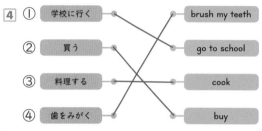

① 学校に行く ─── go to school
② 買う ─── buy
③ 料理する ─── cook
④ 歯をみがく ─── brush my teeth

5 ① What do you usually do on Fridays?
　② I take a bath at eight.

6 （例）I get up at six.

CD で読まれた英語

1 ① ア umbrella（かさ）
　　イ watch（うで時計）
　② ア hat（ぼうし）
　　イ T-shirt（T シャツ）
　③ ア get up（起きる）
　　イ walk my dog（犬の散歩をする）
　④ ア get the newspaper
　　　（新聞を取って来る）
　　イ take a bath（ふろに入る）

2 ① see（見る）
　② sing（歌う）

3 ① My treasure is this watch.
　　（わたしの宝物はこのうで時計です。）
　② I have breakfast at six.
　　（わたしは 6 時に朝食を食べます。）

アドバイス

5 ①「たいてい，ふだん」という意味の
　　usually が入ります。
　②「ふろ」という意味の bath が入ります。

6 I get up at のあとに，起きる時間を書き
　ます。（例）は「わたしは 6 時に起きます。」
　という意味です。「たいてい」という意味の

17 季節・年中行事　37〜38ページ

2 ① ア　② ウ　③ イ　④ エ

3

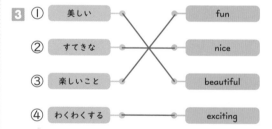

① ─── Children's Day
② ─── Star Festival
③ ─── New Year's Day
④ ─── Dolls' Festival

4 ① spring　② summer
　③ fall　④ winter

CD で読まれた英語

2 ① spring（春）
　② fireworks（花火）
　③ fall（秋）
　④ New Year's Eve（大みそか）

アドバイス

4 ③ autumn と書いても正解です。

18 様子・状態　39〜40ページ

2 ① イ　② エ　③ ア　④ ウ

3 ① 美しい ─── beautiful
② すてきな ─── nice
③ 楽しいこと ─── fun
④ わくわくする ─── exciting

4 ① big　② small
　③ new　④ old

CD で読まれた英語

2 ① short（短い）
　② old（古い）
　③ long（長い）
　④ new（新しい）

19 味 41~42ページ

2 ① ア ② ウ ③ イ ④ エ

3

s	a	l	t	y	n	h	n
l	w	a	c	s	e	a	b
m	o	g	s	o	u	r	p
e	r	e	p	f	n	d	t
a	b	i	t	t	e	r	r

① hard ② soft ③ sour ④ bitter

4 ① hot ② cold

③ delicious

🎵 CD で読まれた英語

2 ① sweet（あまい）

② delicious（とてもおいしい）

③ spicy（（スパイスなどが）からい）

④ soft（やわらかい）

20 日本の四季のイベントは？ 43~44ページ

3 ① イ ② ウ ③ ア

4 ① We have New Year's Eve in winter.

② We have the Star Festival in summer.

5 Welcome to Japan.

🎵 CD で読まれた英語

3 ① We have Children's Day in spring.
（春にはこどもの日があります。）

② We have the Star Festival in summer.
（夏には七夕があります。）

③ We have fireworks in summer.
（夏には花火があります。）

✐ アドバイス

4 ①「大みそか」は New Year's Eve と言います。「冬に」は in winter です。

②「七夕」は the Star Festival と言います。「夏に」は in summer です。

5「～にようこそ。」は Welcome to ～. で表します。「日本」は Japan です。

21 どこに行きたい？ 45~46ページ

3 ① イ ② ウ ③ ア

4 ① Where do you want to go?

② I want to go to Spain.

5 （例）I want to go to America.

🎵 CD で読まれた英語

3 ① Where do you want to go, Jim?
（あなたはどこに行きたいですか、ジム。）
— I want to go to China.
（ぼくは中国に行きたいです。）

② Where do you want to go, Aya?
（あなたはどこに行きたいですか、あや。）
— I want to go to the U.K.
（わたしはイギリスに行きたいです。）

③ Where do you want to go, Emma?
（あなたはどこに行きたいですか、エマ。）
— I want to go to Japan.
（わたしは日本に行きたいです。）

✐ アドバイス

5「わたしは～に行きたいです。」は I want to go to ～. で表します。（例）は「私はアメリカに行きたいです。」という意味です。

22 何が見どころ？ 47~48 ページ

3 ① ウ ② ア ③ イ

4 ① You can see Mt. Fuji.

　② You can eat sushi.

5 You can see the sea.

CD で読まれた英語

3 ① You can enjoy swimming. It's fun.
　（水泳を楽しめます。楽しいです。）

　② You can eat pizza. It's delicious.
　（ピザを食べられます。とてもおいしいです。）

　③ You can enjoy skiing. It's exciting.
　（スキーを楽しめます。わくわくします。）

アドバイス

5 「～を見られます。」は You can see ～. で表します。

23 まとめテスト③ 49~50 ページ

1 ① イ ② イ ③ ア ④ イ

2 ① small ② long

3 ① We have Children's Day in spring.

　② It's fun.

4 ① わくわくする —— exciting
　② すてきな —— nice
　③ とてもおいしい —— delicious
　④ 熱い，からい —— hot

5 ① Welcome to Japan.

　② You can see the mountains.

6 Where do you want to go?

CD で読まれた英語

1 ① ア spring（春）
　　イ fall（秋）

　② ア summer（夏）
　　イ winter（冬）

　③ ア New Year's Day（お正月）
　　イ New Year's Eve（大みそか）

　④ ア Star Festival（七夕）
　　イ Children's Day（こどもの日）

2 ① small（小さい）

　② long（長い）

3 ① We have Children's Day in spring.
　（春にはこどもの日があります。）

　② It's fun.（それは楽しいです。）

アドバイス

5 ①「～にようこそ。」は Welcome to ～. で表します。

　②「見える」という意味の see が入ります。

6 「どこに」という意味の Where で文を始めます。最後のクエスチョン・マーク（?）を忘れないようにしましょう。

24 自然 51~52 ページ

2 ① イ ② ウ ③ エ ④ ア

3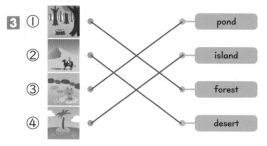

　① —— forest
　② —— desert
　③ —— pond
　④ —— island

4 ① sea ② tree

　③ flower

CD で読まれた英語

2 ① sea（海）

　② river（川）

　③ lake（湖）

　④ mountain（山）

25 食べ物・飲み物 53~54ページ

2 ① ア ② エ ③ イ ④ ウ

3

① ━━━━━━━ steak

② ━━━━━━━ spaghetti

③ ━━━━━━━ fried chicken

④ ━━━━━━━ grilled fish

4 ① pizza ② milk
③ tea ④ coffee

CD で読まれた英語

2 ① curry and rice （カレーライス）
② coffee （コーヒー）
③ hamburger （ハンバーガー）
④ pizza （ピザ）

● アドバイス

4 ④ coffee は f と e が 2 つずつです。

26 行った場所は? 55~56ページ

3 ① ウ ② イ ③ ア

4 ① Where did you go this summer?
② I went to the river.

5 I went to the sea.

CD で読まれた英語

3 ① Where did you go this summer,
Emma?
（あなたはこの夏，どこに行きました
か，エマ。）
— I went to the lake.
（わたしは湖に行きました。）

② Where did you go this summer,
Jim?
（あなたはこの夏，どこに行きました
か，ジム。）
— I went to the sea.
（ぼくは海に行きました。）

③ Where did you go this summer,
Aya?
（あなたはこの夏，どこに行きました
か，あや。）
— I went to the mountains.
（わたしは山に行きました。）

● アドバイス

4 ① 「あなたはどこに行きましたか。」は
Where did you go? で表します。

5 「わたしは~に行きました。」は I went
to ~. で表します。「海」は the sea です。

27 何を食べた? 57~58ページ

3 ① イ ② ア ③ ウ

4 ① I ate spaghetti.
② It was delicious.

5 I ate pizza.

CD で読まれた英語

3 ① I ate steak. It was delicious.
（ぼくはステーキを食べました。とて
もおいしかったです。）

② I ate fried chicken. It was soft.
（わたしはフライドチキンを食べまし
た。やわらかかったです。）

③ I ate grilled fish. It was salty.
（ぼくは焼き魚を食べました。塩から
かったです。）

● アドバイス

5 「わたしは~を食べました。」は I ate ~.
で表します。

28 何を楽しんだ？

3 ① イ　② ウ　③ ア

4 ① I enjoyed swimming.

　② It was fun.

5 I enjoyed skiing.

3 ① I enjoyed baseball. It was exciting.

　（ぼくは野球を楽しみました。わくわくしました。）

　② I enjoyed the fireworks festival. It was beautiful.

　（わたしは花火大会を楽しみました。きれいでした。）

　③ I enjoyed tennis. It was fun.

　（ぼくはテニスを楽しみました。楽しかったです。）

アドバイス

5 「スキー」は skiing です。

29 まとめテスト④

1 ① イ　② イ　③ ア

2 ① イ　② ア　③ ア　④ ア

3 ① I ate pizza.

　② It was spicy.

4

c	o	f	f	e	e	o
s	o	l	o	e	r	s
z	a	o	r	n	i	t
e	a	w	e	n	v	q
y	s	e	s	t	e	a
v	c	r	t	s	r	q

　① flower（花）　② forest（森）

　③ river（川）　④ tea（お茶，紅茶）

5 ① Where did you go this summer?

　② I went to the sea.

6 I enjoyed fishing.

---

1 ① 自然：

　　ア sea（海）

　　イ pizza（ピザ）

　　ウ mountain（山）

　② 食べ物：

　　ア hamburger（ハンバーガー）

　　イ tree（木）

　　ウ steak（ステーキ）

　③ 飲み物：

　　ア flower（花）

　　イ milk（牛乳）

　　ウ tea（お茶）

2 ① ア fried chicken（フライドチキン）

　　イ grilled fish（焼き魚）

　② ア island（島）

　　イ desert（砂ばく）

　③ ア lake（湖）

　　イ tree（木）

　④ ア pond（池）

　　イ flower（花）

3 ① I ate pizza.

　　（わたしはピザを食べました。）

　② It was spicy.

　　（（それは）からかったです。）

アドバイス

1 ① アとウは自然ですが，イは食べ物です。

　② アとウは食べ物ですが，イは自然です。

　③ イとウは飲み物ですが，アは自然です。

3 ②「（それは）〜でした。」と味などの感想を伝えるときは It was 〜. で表します。

5 文の最初は大文字で書きます。Where の W を大文字にするのを忘れないようにしましょう。

6「わたしは 〜 を楽しみました。」は I enjoyed 〜. で表します。

30 学校行事 63~64 ページ

2 ① イ ② ア ③ ア

3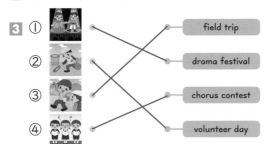

① → drama festival
② → volunteer day
③ → field trip
④ → chorus contest

4 ① sports day

② school trip

CD で読まれた英語

2 ① ア field trip（遠足），

イ swimming meet（水泳大会）

② ア music festival（音楽祭），

イ volunteer day（ボランティアデー）

③ ア entrance ceremony（入学式），

イ graduation ceremony（卒業式）

31 建物など 65~66 ページ

2 ① エ ② ア ③ ウ ④ イ

3

b	r	i	d	g	e	e	k
a	z	o	p	p	y	z	t
z	o	c	a	s	t	l	e
o	s	h	r	i	n	e	t
o	z	b	k	k	l	l	z

① castle ② shrine ③ park ④ zoo

4 ① temple ② stadium

③ aquarium

CD で読まれた英語

2 ① fire station（消防署）

② temple（お寺）

③ amusement park（遊園地）

④ aquarium（水族館）

32 職業 67~68 ページ

2 ① ア ② エ ③ ウ ④ イ

3

d
② c o m e d i a n
c   p
t   f l o r i s t
o   l
r   t

4 ① teacher ② nurse

③ baker

CD で読まれた英語

2 ① astronaut（宇宙飛行士）

② soccer player（サッカー選手）

③ teacher（教師）

④ singer（歌手）

33 いちばんの思い出は？ 69~70 ページ

3 ① イ ② ウ ③ ア

4 ① My best memory is our field trip.

② We saw many flowers.

5 We saw many shrines.

CD で読まれた英語

3 ① I'm Emma. My best memory is our music festival.

（わたしはエマです。わたしのいちばんの思い出は音楽祭です。）

② I'm Shun. My best memory is our school trip.

（ぼくはしゅんです。ぼくのいちばんの思い出は修学旅行です。）

③ I'm Aya. My best memory is our sports day.

（わたしはあやです。わたしのいちばんの思い出は運動会です。）

アドバイス

5 「わたしたちは～を見ました。」は We saw ～.で表します。「たくさんの神社」

は shrine に s をつけて, many shrines または a lot of shrines で表します。

(34) 入りたい部活動は?　71~72ページ

3 ① ウ　② ア　③ イ

4 ① What club do you want to join?

② I want to join the basketball team.

5 I want to join the chorus.

CD で読まれた英語

3 ① What club do you want to join, Jim?

（あなたは何の部活動に入りたいですか, ジム。）

― I want to join the art club.

（ぼくは美術部に入りたいです。）

② What club do you want to join, Emma?

（あなたは何の部活動に入りたいですか, エマ。）

― I want to join the tennis team.

（わたしはテニス部に入りたいです。）

③ What club do you want to join, Shun?

（あなたは何の部活動に入りたいですか, しゅん。）

― I want to join the soccer team.

（ぼくはサッカー部に入りたいです。）

アドバイス

5 「わたしは～に入りたいです。」は I want to join ～. で表します。

(35) 何を楽しみたい?　73~74ページ

3 ① ア　② ウ　③ イ

4 ① What event do you want to enjoy?

② I want to enjoy the field trip.

5 I want to enjoy the drama festival.

CD で読まれた英語

3 ① What event do you want to enjoy, Jim?

（あなたは何の行事を楽しみたいですか, ジム。）

― I want to enjoy the school festival.

（ぼくは学園祭を楽しみたいです。）

② What event do you want to enjoy, Emma?

（あなたは何の行事を楽しみたいですか, エマ。）

― I want to enjoy the school trip.

（わたしは修学旅行を楽しみたいです。）

③ What event do you want to enjoy, Shun?

（あなたは何の行事を楽しみたいですか, しゅん。）

― I want to enjoy sports day.

（ぼくは体育祭を楽しみたいです。）

アドバイス

5 「わたしは～を楽しみたいです。」は I want to enjoy ～. で表します。「学芸会」は the drama festival です。

(36) なりたい職業は?　75~76ページ

3 ① ア　② ウ　③ イ

4 ① What do you want to be?

② I want to be a baker.

5 I want to be a teacher.

CD で読まれた英語

3 ① What do you want to be, Emma?

（あなたは何になりたいですか, エマ。）

― I want to be a doctor.

（わたしは医師になりたいです。）

② What do you want to be, Shun?

（あなたは何になりたいですか, しゅん。）

― I want to be a soccer player.

（ぼくはサッカー選手になりたいです。）

③ What do you want to be, Jim?

（あなたは何になりたいですか, ジム。）

— I want to be an astronaut.
（ぼくは宇宙飛行士になりたいです。）

アドバイス

⑤ 「わたしは〜になりたいです。」は I want to be 〜. で表します。「教師」は teacher です。

37 まとめテスト⑤　77~78 ページ

1 ① ア　② イ　③ イ　④ ア

2 ① park　② zoo

3 ① I want to be a doctor.
　② I want to join the art club.

4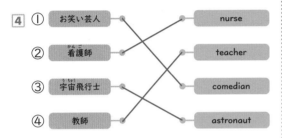
① お笑い芸人　—　nurse
② 看護師　—　teacher
③ 宇宙飛行士　—　comedian
④ 教師　—　astronaut

5 ① What club do you want to join?
　② I want to enjoy sports day.

6 （例）I want to be a baker.

CD で読まれた英語

1 ① ア volunteer day（ボランティアデー）
　　イ entrance ceremony（入学式）
　② ア drama festival（学芸会）
　　イ swimming meet（水泳大会）
　③ ア pilot（パイロット）
　　イ baker（パン職人）
　④ ア singer（歌手）
　　イ doctor（医師）

2 ① park（公園）
　② zoo（動物園）

3 ① I want to be a doctor.
　　（わたしは医師になりたいです。）
　② I want to join the art club.
　　（わたしは美術部に入りたいです。）

アドバイス

6 I want to be のあとに，なりたい職業を書きます。（例）は「わたしはパン職人になりたいです。」という意味です。

38 総まとめテスト①　79~80 ページ

1 ① イ　② ア　③ ア　④ イ

2 ① tiger　② horse

3 ① I'm from Japan.
　② I get up at six.

4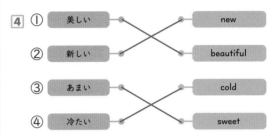
① 美しい　—　beautiful
② 新しい　—　new
③ あまい　—　sweet
④ 冷たい　—　cold

5 ① What animal do you like?
　② We have fireworks in summer.

6 I like tennis.

CD で読まれた英語

1 ① ア Russia（ロシア）
　　イ the U.K.（イギリス）
　② ア T-shirt（T シャツ）
　　イ umbrella（かさ）
　③ ア basketball（バスケットボール）
　　イ tennis（テニス）
　④ ア swimming（水泳）
　　イ table tennis（卓球）

2 ① tiger（とら）
　② horse（馬）

3 ① I'm from Japan.
　　（わたしは日本の出身です。）
　② I get up at six.
　　（わたしは 6 時に起きます。）

アドバイス

6 「わたしは〜が好きです。」は I like 〜. で表します。

① ① イ ② イ ③ イ ④ ア
⑤ ア ⑥ ア ⑦ イ ⑧ イ

② ① I want to go to America.

② I want to be a pilot.

③ ①
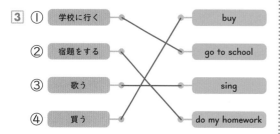

④ ① Where did you go this summer?

② I enjoyed camping.

⑤ What do you want to be?

CD で読まれた英語

① ① ア eat（食べる）

イ run（走る）

② ア study（勉強する）

イ cook（料理する）

③ ア take a bath（ふろに入る）

イ walk my dog（犬の散歩をする）

④ ア mountain（山）

イ sea（海）

⑤ ア milk（牛乳）

イ tea（お茶）

⑥ ア entrance ceremony（入学式）

イ graduation ceremony（卒業式）

⑦ ア castle（お城）

イ fire station（消防署）

⑧ ア pilot（パイロット）

イ singer（歌手）

② ① I want to go to America.

（わたしはアメリカに行きたいです。）

② I want to be a pilot.

（わたしはパイロットになりたいで
す。）

アドバイス

④ ①「行く」という意味の go が入ります。

②「楽しんだ」という意味の enjoyed が
入ります。

⑤「あなたは何になりたいですか。」は
What do you want to be? で表します。
文の最初の What は大文字で始め，最後
のクエスチョン・マーク（?）を忘れな
いようにしましょう。